AF498149

LE
COMTE RAPETTI

SA VIE ET SES ŒUVRES

SUIVI DU

DISCOURS PRONONCÉ SUR SA TOMBE

PAR

Le Prince GEORGES BIBESCO

PARIS

TYPOGRAPHIE DE E. PLON, NOURRIT ET Cie

RUE GARANCIÈRE, 8

—

1885

LE

COMTE RAPETTI

SA VIE ET SES OEUVRES

Rapetti (Pierre-Nicolas), comte de Trastour, est né
à Bergame le 9 novembre 1811 (et non en 1812,
comme l'indique le *Dictionnaire des contemporains* de
Vapereau); — il est mort à Paris chez les Frères hospitaliers de Saint-Jean de Dieu, le 28 juillet 1885.

Il était fils de Rapetti (Bartolo) et de Giovanna
Piceni. Son père, professeur distingué à l'Université de
Turin, puis chirurgien militaire dans l'armée française, dirigea de grands établissements hospitaliers.
Sa famille avait des attaches avec les marquis de
Montferrat et les marquis del Finale, d'où sont issus les
del Carreto de Naples. Par son père adoptif le comte
de Trastour, Rapetti était allié à la maison des Gri-
maldi, qui ont eu, sur les bords de la Méditerranée,
une souveraineté dont la principauté de Monaco est le
dernier débris.

A la fin du siècle dernier, la famille de Rapetti, ayant
embrassé le parti de la France, fut battue comme une

1.

épave par la férocité des réactions politiques, au lendemain de la chute du parti français et du départ de Bonaparte : 1768-1799. L'assassinat, dans une église, d'un de ses oncles maternels est le signal du massacre des partisans des Français dans la province d'Asti ; — un autre oncle maternel est tué ; — tous les biens sont ravagés, puis confisqués. Voilà du côté de sa mère. Même catastrophe, moins les assassinats, dans la province d'Aqui, — près d'Aqui même, — où était la famille de son père. Les parents de Rapetti ne sont jamais parvenus à reconstituer leur fortune. D'ailleurs, ils n'y songeaient guère ; ils avaient d'autres visées : le père s'absorbait dans la science, la mère ne rêvait que la gloire pour son fils. La chute du parti français, en 1814, porta à cette famille le dernier coup ; — ne pouvant plus rien lui prendre, on traita ses membres en suspects et on les tint à l'écart.

Rapetti fut envoyé en France à l'âge de dix ans ; il fut élevé au collége de Toulon par les soins de son parrain, le comte de Trastour, fit ses études de droit à Paris et à Rennes, et obtint dans cette dernière Faculté, — après avoir soutenu une thèse des plus remarquées, *sur la condition des étrangers en France,* — son diplôme de docteur en droit : 28 septembre 1841.

Appelé au Collége de France comme suppléant de M. Lerminier, il y occupa de 1841 à 1848 la chaire de *Législation comparée ;* il y enseigna l'histoire du droit romain et l'histoire du droit canonique, cours qui sont

restés inédits [1]. Le loisir nécessaire à la publication de
son cours, Rapetti ne l'a jamais eu, pendant les huit
années de sa suppléance. « Il lui fallait subvenir », —
comme il le dit lui-même dans une lettre qu'on lira
plus loin, — « au labeur spécial de l'enseignement. Il
lui fallait surtout se procurer par des profits dus à des
occupations accessoires, étrangères à l'enseignement,
des ressources complémentaires, indispensables à la
position, — presque toute de peine et d'honneur, —
qu'il occupait au Collége de France. »

Il est certain que la publication du cours de Rapetti
eût été très-intéressante, étant donnés l'originalité, la
science et les aperçus nouveaux et hardis qui mar-
quaient son enseignement d'un cachet spécial. C'est,
d'ailleurs, cette hardiesse qui valut au jeune professeur la méfiance des uns, l'hostilité des autres. Par
suite d'une distinction et d'une délicatesse innées, qui
le poussaient à s'écarter de tout ce qui n'était pas
l'ardente, mais en même temps la pure et sereine re-
cherche de la vérité, Rapetti fut amené à donner un libre
cours à sa pensée. Au début de la troisième année de
professorat, il expliqua l'influence du droit canonique,
ou de l'Église, dans la formation de la société moderne.
Or, ce sujet l'entraîna à des hardiesses, — très-inat-
tendues du public, — sur les divers principes constitutifs de l'ordre social, — notamment sur la propriété,
l'autorité, la constitution héréditaire du pouvoir ; —

[1] Il obtint sa naturalisation le 16 mars 1843.

aussi fut-il bientôt dénoncé par les uns comme socialiste, pour le moins comme républicain, — par les autres, comme ennemi de Dieu et de l'Église. Cette dernière catégorie d'opposants en voulait à Rapetti de ce qu'il se déclarait chrétien et catholique; non qu'ils ne sentissent en lui un auxiliaire, mais parce que cet auxiliaire était trop indépendant et par cela même, — peut-être, — dangereux.

Combattu par ceux-là, qui le redoutaient, — non compris par ceux-ci, qui étaient loin des hauteurs où planait son enseignement, — peu ou point soutenu par la presse, — suspecté par le gouvernement, — harassé de fatigue, — malheureux de ne pouvoir se révéler tout entier et tel qu'il était, ni dans ses leçons, ni dans la feuille qu'il rédigeait, — tourmenté de la pensée que le journal nuisait à son cours et que le journaliste amoindrissait l'autorité morale du professeur, — il en était arrivé à un profond découragement, quand la Révolution de 1848 éclata.

Rapetti conçut à cette époque de grandes espérances suivies bientôt de cruelles déceptions; il résolut de se tenir, pour un temps, à l'écart de la politique et de se recueillir pour se rendre bien compte de ce qui se passait autour de lui. Ce qu'*il vit,* il l'exprima en ces termes dans une lettre adressée à son ami, le prince Georges Bibesco :

« Je vis alors, écrit-il, très-clairement ce qui se passait, dans les faits, — dans la conscience française, — en Europe : c'était une évocation du seul nom qui pût *gouverner* la Révolution. Par la faute de…, la Révolution était déchaînée ; il ne s'agissait pas de la réprimer, nul n'en avait la force ; il ne s'agissait pas de la pousser dans ses égarements, — c'eût été un crime de lèse-humanité, dans lequel la France aurait pu périr ; — il s'agissait de la ramener dans sa voie, dans ses principes constitutifs, de l'apaiser ainsi en la satisfaisant, — et c'est là ce que j'appelle la *gouverner*.

« Or, il y avait un nom représentant la seule politique pouvant inspirer confiance au peuple, aussi bien pour empêcher le retour de ce qu'il craignait, que pour réaliser les améliorations sociales auxquelles il aspirait. Ce nom était celui de Napoléon. »

Rapetti avait eu l'occasion de rendre un service apprécié au prisonnier de Ham, qui allait être le maître de la situation. Si en ce moment il avait été aidé par son père adoptif, il aurait pu se présenter aux élections, être élu député, et devenir un des hommes marquants du régime ascendant, comme il en eût été, certainement, un des plus libéraux. — La fortune n'en avait pas voulu pour client, — l'accès des honneurs lui fut fermé. Trop de modestie, et rien de l'éclat que donne la richesse, cet auxiliaire si puissant, même pour le mérite, et dans le rayonnement duquel s'enveloppe trop souvent la médiocrité !

A la vérité, Rapetti eut mieux que les honneurs ; il eut l'honneur de les avoir mérités.

Quoi qu'il en soit, les événements se précipitèrent bientôt ; la grande marée monta, et, s'élançant, elle emporta et jeta tout, au hasard, devant elle. Rapetti était parmi les *galets* laissés çà et là sur le rivage ; mais, vivifié par le souffle de sa jeunesse, fort de sa valeur, il se reprit à espérer et se remit au labeur.

En 1848 il fut nommé maître de conférences à l'École d'administration. Cette école, destinée au recrutement des diverses branches d'administration dépourvues jusqu'alors d'écoles préparatoires, fut établie sur des bases analogues à celles de l'École polytechnique, le 8 mars 1848, à la suite de la proposition du ministre Carnot (Hippolyte). Elle fut supprimée l'année suivante.

Quelques mois plus tard, il éprouvait une déception des plus pénibles, en voyant nommer un titulaire à la chaire qu'il occupait depuis huit ans avec tant d'éclat. Mais ses idées libérales lui avaient créé de sérieuses hostilités : vainement posa-t-il sa candidature, elle fut écartée, bien que les considérations et les titres invoqués par lui dans une lettre adressée, — à cette occasion, — à M. l'administrateur du Collége de France, eussent une valeur incontestable.

Cette lettre nous paraît avoir une telle importance, que nous n'hésitons pas à la reproduire en entier.

26 février 1849.

A MONSIEUR L'ADMINISTRATEUR DU COLLÉGE DE FRANCE.

MONSIEUR,

J'ai l'honneur de vous prier de vouloir bien me présenter à MM. les professeurs du Collége de France, comme candidat pour la chaire des *Législations comparées*.

Un accident fâcheux m'a seul empêché de m'offrir plus tôt à votre jugement; — à défaut d'explications individuelles et verbales, désormais impossibles, je suis contraint de soutenir ma cause par une lettre collective que je vous prie instamment de faire connaître à MM. les professeurs.

Voici mes titres à l'insigne honneur auquel j'aspire : ce sont les années de ma jeunesse consacrées tout entières, avec un effort constant et direct, à me rendre digne et capable d'enseigner au milieu de vous.

J'ai tout sacrifié à ce but. Tout le fruit de mon travail sera-t-il perdu pour moi ? Vous en jugerez. S'il y a une justice, une providence pour le travail résolu, courageux, persévérant, cette justice, cette providence doivent se trouver dans l'assemblée des savants auxquels je m'adresse.

I

J'ai occupé, comme suppléant, la chaire des législations comparées depuis 1848, le premier semestre compris.

Quand j'ai été appelé à cet honneur périlleux, je n'étais connu de quelques-uns que par un *Précis historique de droit civil* dont un professeur avait bien voulu prendre la responsabilité, par une thèse de docteur en droit sur la *Condition des étrangers,* et puis par un témoignage de confiance du gouvernement : le comité historique des documents inédits de l'histoire de France venait de me charger de publier un manuscrit du treizième siècle, le *Livre de justice et de plet.*

C'est sur la recommandation de M. Rossi, dont j'étais l'élève assidu, que j'ai été admis à l'honneur d'enseigner, comme suppléant, à côté de vous.

1840-1842.

A mon début, j'avais à surmonter divers obstacles : d'injustes préventions dans lesquelles on me confondait, le défaut d'autorité qui se rencontrait pour moi dans ma jeunesse, enfin mon défaut d'expérience de l'enseignement.

Les deux premières années de ma suppléance ont été laborieuses, pénibles. — J'ose dire, toutefois, que l'épreuve ne m'a pas été défavorable.

On n'attendait d'un jeune homme que de l'imagi-
nation, un ton passionné et déclamatoire : je m'attachai
à être froid et érudit.

On me soupçonnait de subir une influence illégitime :
sans chercher à prouver directement l'indépendance
de mon esprit, je tâchai de me montrer avec un tel
caractère de sévère moralité que je me trouvai tout
naturellement hors de portée des soupçons injustes,
injurieux.

J'étais sans expérience de l'enseignement ; je luttai
et je travaillai sans relâche.

Après deux années, j'avais conquis de l'attention,
un auditoire, et, j'ose le dire, du respect : l'épreuve
était faite.

Voici une indication très-sommaire du cours que
j'ai fait pendant les deux premières années de ma suppléance :

« *Histoire du droit romain dans ses rapports avec la*
« *formation du droit français.*

« I. — L'affirmation de la personnalité humaine
« marque le début de la civilisation ; — Preuves tirées
« de l'histoire de la Judée et de la Grèce comparées
« avec les sociétés brahmaniques, etc. — Le carac-
« tère de la personnalité se montre avec une vigou-
« reuse exaltation dans la cité romaine, où il se
« développe, par le droit : — dans la constitution et
« les formes de la famille, — de la propriété, — des
« conventions, — de l'État ou des pouvoirs publics,
« — du dogme de l'égalité humaine caché et lentement

« développé dans le droit romain. — Influence secon-
« daire de la philosophie et du christianisme sur le
« droit romain, dont les principes avaient devancé les
« enseignements de la civilisation moderne.

« II. — État du droit romain à l'époque de l'inva-
« sion ; — Ce droit est momentanément en opposition
« avec le christianisme et les mœurs germaniques ; —
« Il se conserve en tant que coutume ; — modifications
« de la coutume romaine.

« III. — Caractère de l'enseignement des glossateurs
« aux siècles douze et suivants ; — cet enseignement
« est un réveil des idées constitutives du droit romain.
« — Rome, du fond de sa ruine, conquiert de nou-
« veau le monde, l'Europe chrétienne. — Réfutation
« de M. de Savigny et de l'école historique qui résiste
« à voir dans l'enseignement des glossateurs une
« conquête juridique des coutumes par les idées. —
« Pourquoi l'Angleterre échappe au droit romain.

« IV. — Effets, en France, du droit romain : sur
« la science juridique, — la formation de la monar-
« chie, — la sécularisation de l'État, — la condition
« des personnes, — la propriété, — la famille, —
« les conventions.

« V. — Critique du droit romain au point de vue
« de la civilisation actuelle. — En dehors des conven-
« tions et de la propriété, le droit romain ne suffit
« plus aux exigences de notre esprit de liberté,
« d'égalité. — Il exagère le droit et l'action de l'État.
« — Le droit romain, dont l'étude est indispensable à

« l'intelligence de nos documents juridiques, anciens
« et modernes, n'est plus que l'école immortelle de
« l'art juridique. »

1842-1845

La chaire n'était plus pour moi un lieu d'épouvante.
Je pouvais continuer à penser en public. Je me sentais encouragé par un commencement de faveur.
J'entrepris un grand travail qui m'attirait solitaire-
ment depuis mes premiers pas dans la science. Sous
le titre d'*Histoire du droit canonique* dans ses rapports
avec la législation ancienne de la France, j'entrepris
d'exposer les institutions civiles et politiques fondées,
secondées ou inspirées par l'Église catholique et par
les idées chrétiennes.

Le cours de cette exposition m'a pris trois années.

L'espèce de succès que j'ai obtenu, grâce à la nou-
veauté, à la beauté, à la puissance de mon sujet,
aurait presque complétement répondu à mon ambi-
tion, sans un malheur.

Il est difficile d'appliquer son esprit à certaines
idées, à certains monuments, sans en ressentir de
l'enthousiasme. On trouve dans les spéculations chrétiennes tous les problèmes sociaux dont les hommes
ont été, sont et seront agités. — Mes recherches, mes
explications, mon enthousiasme ont coïncidé avec des
discussions, alors ardentes, dans lesquelles, pour quelques-uns, je me mis à mêler, sans compétence aucune,

ma voix. De là une gêne, des méprises diverses dont cette coïncidence fortuite et fâcheuse m'a fait souffrir.

Toutefois, pendant le cours de mes expositions concernant le droit canonique, je crois avoir acquis des titres auprès de ceux qui estiment cette espèce de force inventive à l'aide de laquelle on retrouve et restitue l'image, la pensée, le sens des monuments oubliés, presque détruits.

Voici l'indication très-sommaire du cours pendant lequel j'ai exposé les institutions civiles et politiques du christianisme. Je suis contraint de réduire cette indication à quelques traits généraux.

« I. *Du principe du droit chrétien.* — 1. Union de « Dieu et de la création. — Union des hommes entre « eux par Dieu. — Solidarité de la fin de tous les « êtres, — de laquelle résulte la loi unique, univer- « selle de l'amour. — Dieu est la vie, l'homme est « l'agent universel de l'ordre dans la vie. — 2. Mais « l'union de l'homme et de Dieu a été interrompue; la « loi a été violée. — Du dogme de la chute ou du « péché originel. — Conséquences : opposition de la « loi de vie et du péché, dont les effets forment la « coutume humaine. — Lutte de la loi contre la cou- « tume. — 3. De l'Incarnation divine. — L'union est « rétablie; comment. — De la grâce. — Dieu se mêle « à la lutte de la loi contre la coutume.

« II. *Histoire générale des institutions chrétiennes.* — « Les institutions chrétiennes sont une expression de « la manière dont le christianisme conçoit la vie

« humaine troublée par le formidable accident du
« péché. — Pour les institutions chrétiennes, il est
« deux sources : le *sentiment* et la *science*. — Du sen-
« timent populaire chrétien : — développement spon-
« tané, tumultueux du christianisme. — Du peuple
« de France ; — c'est lui qui fait le plus aisément
« prévaloir la loi sur la coutume, l'idée sur la forme.
« — De la *science* chrétienne. — Pourquoi l'Église
« résiste aux développements populaires. — De la
« condition qui, selon la science, précède nécessaire-
« ment l'action de la liberté ; nécessité préalable de la
« sainteté, de la grâce. — Duel de la doctrine de la
« grâce contre les inspirations chrétiennes, populaires,
« spontanées. — La doctrine de la grâce se tourne
« contre l'Église et l'afflige. (Jean Huss, — Luther, —
« Jansénius.)

« III. *Histoire particulière des institutions chrétiennes.*
« — *De la famille :* Est la seule institution que l'Église
« ait complétement édifiée selon son esprit. — La
« seule société parfaite. — Effets de la famille chré-
« tienne sur la famille française. — *De la propriété :*
« Préceptes et pratiques concluant à la négation, à la
« condamnation de la propriété, et tendant à l'appro-
« bation de l'usage des biens sous la forme de la com-
« munauté. — Sens de l'aumône, de la dîme, de l'in-
« terdiction de l'usure, de la constitution des biens
« ecclésiastiques. — Comment la propriété s'est réédi-
« fiée dans le christianisme par les considérations
« prises de l'état de société imparfaite où les hommes

« sont entre eux. — Effets de la propriété chrétienne
« sur la propriété laïque et les conventions.

« *De l'État.* — Du principe des institutions poli-
« tiques; — la vie est un combat; l'organisation de
« l'ordre est une armée. — Affirmation d'une seule
« autorité, l'autorité spirituelle. — De l'autorité tem-
« porelle. — Comment elle est seulement nécessitée;
« — A quelle condition le christianisme la justifie.
« — *Organisation de l'autorité spirituelle;* — Du pape,
« — des cardinaux, — des évêques, — des prêtres,
« — des conciles, — du régime représentatif, — de
« l'inquisition. — *Spéculations sur l'autorité temporelle :*
« le sacre, le Saint-Empire. — Des occasions et des
« causes des conflits des rois et du Saint-Siége. —
« Défaite politique du Saint-Siége entre les résistances
« des rois et les impatiences populaires du sentiment
« chrétien.

« IV. — De la grande douleur des temps modernes;
« le schisme de l'Église et de la Révolution. »

1845-1848.

Pendant les trois dernières années de ma suppléance,
je me suis occupé d'exposer tour à tour les principes
concernant la *Propriété,* l'*État,* la *Coutume.*

« LA PROPRIÉTÉ.

« Ce cours a été, par la philosophie morale et par
« l'histoire, la démonstration de cette idée, à savoir :
« que la propriété est la réalisation du droit de l'indi-
« vidu, qu'elle est nécessaire à la liberté de la per-
« sonne humaine, à l'existence de la famille, aux
« développements du travail, mais qu'elle demeure
« soumise à des obligations générales envers la
« société et l'humanité. — La propriété est un droit
« et un ministère.

« ÉTAT, OU ORGANISATION DES POUVOIRS PUBLICS.

« Ce cours a été, par la philosophie morale et l'his-
« toire, la démonstration de cette idée, à savoir : qu'en
« raison, en droit et en fait, l'État n'est et ne peut
« être qu'un appareil de puissance protectrice et auxi-
« liaire pour chacun et pour tous, de la liberté dans
« ses diverses manifestations intellectuelles, morales
« et industrielles. — L'État n'est qu'un médiateur de
« liberté.

« DE LA COUTUME.

« Ce cours était, par la philosophie morale et
« l'histoire, la démonstration de cette idée, à savoir :
« que la coutume est la condition indispensable de

« l'existence de toute loi. Je venais d'analyser les
« éléments de la coutume, ses divers états ou ses
« modes, ce qu'il y a en elle de progressif et de sta-
« tionnaire. — J'allais traiter des races, des nationa-
« lités, des éléments communs de la coutume euro-
« péenne, lorsque j'ai été interrompu, dans mon
« enseignement, par un décret qui emporta, un
« moment, la chaire des législations comparées. »

II

Les travaux d'érudition et d'esprit que supposent
les précédentes indications, ce sont là les titres que je
soumets à votre jugement.

J'ai été, par le fait du moins, un de vous, un professeur, ayant subi pendant huit années, sans en être
écrasé, l'épreuve du professorat.

Il y a quelques années, dans une discussion officielle,
l'emploi des suppléants a été blâmé ; il a été répondu
à ce blâme par cet argument qui a eu l'approbation de
tous les hommes spéciaux : « *La suppléance est l'épreuve
naturelle, et la meilleure, par laquelle le professorat
puisse le plus sûrement se recruter.* »

Il n'est pas une autre manière, en effet, d'être et de
prouver qu'on est digne et capable d'enseigner, que
d'apprendre à le faire et de montrer, par le fait, qu'on
y est parvenu.

Je m'adresse à des hommes qui tous connaissent,

par l'expérience, les peines, les labeurs, les difficultés,
le mérite de la fonction de l'enseignement. Je n'insis-
terai pas davantage sur la valeur du titre que j'offre
ici à votre appréciation.

Màis pourquoi un de mes cours ne s'est-il point
fixé dans un livre?

Je dois vous en faire l'aveu; il m'a paru que les
qualités nécessaires à la parole orale différaient de
beaucoup des qualités requises pour la parole écrite.
— Ce sont deux genres de composition très-distincts,
presque opposés; de telle sorte que réduire des leçons
à l'état de livre, quand on a quelque conscience des
conditions de la forme, c'est s'obliger à faire sur les
idées et les matériaux dont les leçons se sont com-
posées, un travail tout nouveau.

Or, le loisir nécessaire à un pareil travail, je ne l'ai
jamais eu, pendant les huit années de ma suppléance.
Il me fallait subvenir au labeur spécial de l'enseignement. Il me fallait surtout me procurer par des profits dus à des occupations accessoires, étrangères à
l'enseignement, des ressources complémentaires, indispensables à la position, presque toute de peine et
d'honneur, que j'occupais auprès de vous.

Ce que je sais faire, comme écrivain, je l'ai répandu
çà et là, d'abord dans quelques recueils, comme la
Revue de législation, où j'écrivais dès 1839, dans le
Correspondant, où j'ai écrit en 1845 et 1846, dans un
dictionnaire de l'histoire de France (sous la direction
de M. Philippe Lebas), dans des *Encyclopédies* et puis

dans la presse quotidienne, judiciaire et politique, où, tout en combattant pour ce que je reconnais comme vrai, juste et utile, je souffrais d'éparpiller une activité que je devais tout entière à la tâche de l'enseignement.

A défaut d'un livre, on tire de certaines positions cette connaissance de la vie dure, cette pratique de la patience, cette opiniâtreté du courage, qui ne sont pas inutiles à l'enseignement, car elles sont la maturité de l'esprit, la sympathie du cœur, la dignité de la force morale.

Mais, au milieu des sacrifices et des souffrances de tous genres qu'il m'a fallu supporter pour être, pendant huit années, un suppléant auprès de vous, un espoir m'a toujours consolé et toujours m'a fait prendre des forces nouvelles. Quand je me sentais défaillir, je me relevais en pensant au but vers lequel je me dirigeais : ce but, je n'ai pas besoin de vous le dire longuement, c'était l'honneur de vous appartenir, d'être un jour du Collége de France.

Veuillez accueillir, Monsieur l'administrateur, avec ma candidature, l'hommage de mes sentiments respectueux et dévoués.

Rapetti.

Paris, 16 février 1849.

Il est superflu de rien ajouter à ce large exposé des pensées de l'homme et des actes de sa vie ; il indique surabondamment ce qu'avait déjà fait le jeune suppléant au Collége de France et tout ce qu'il valait en 1849.

Rapetti se rapprocha alors du parti de l'Élysée, écrivit des articles de polémique dans la presse napoléonienne, et fut chargé de réunir toutes les pièces authentiques adressées à l'empereur Napoléon, — à titre d'approbation, — soit par les particuliers, soit par les corps publics. Le *Recueil des adhésions* (1852-1853), auquel Rapetti n'a pas attaché son nom, forme six volumes in-quarto.

En 1854, le gouvernement impérial venait de décider qu'on entreprendrait la publication de la *Correspondance de Napoléon I*. A la tête d'une pareille œuvre, il fallait des hommes marquants par leur capacité et leur honorabilité ; il convenait surtout de donner à la commission qui allait être nommée un secrétaire ayant, en outre, une connaissance approfondie de l'époque napoléonienne. — Le choix se porta sur Rapetti. Nommé secrétaire de la première commission instituée le 7 septembre 1854 pour la publication de la *Correspondance de Napoléon I*, Rapetti conserva ses fonctions dans la nouvelle commission qui fut appelée, — le 3 septembre 1864, — à prendre en main, sous la présidence de S. A. I. le prince Napoléon (Jérôme), l'œuvre commencée.

Réunir les documents, lettres, papiers relatifs à la *Correspondance de Napoléon I*, les lire, les annoter, les classer, en vérifier l'exactitude et l'authenticité, et en faire émerger ces trente-deux volumes in-quarto, véritable monument élevé au génie de Napoléon, guerrier, législateur, homme politique, telle est l'œuvre grandiose à laquelle Rapetti a consacré dix-sept ans de travail.

Bien que personne n'ignore la part prépondérante qui revient à Rapetti dans ce travail monumental, il n'en est pas moins intéressant de faire connaître l'hommage spécial que la Commission a cru devoir rendre à son secrétaire, et par lequel elle termine son rapport à l'Empereur.

« Après cet exposé de nos travaux, dit ce rapport, que Votre Majesté nous permette de témoigner notre reconnaissance aux *hommes de mérites divers* qui nous ont secondés dans cette longue et délicate publication, et *qui ont été habilement dirigés par M. Rapetti*. Le secrétaire de la Commission a montré un zèle infatigable, une intelligence et un savoir auxquels *nous devons beaucoup.* »

En outre des services déjà signalés, le second Empire en a reçu d'autres encore de Rapetti, tant pendant la guerre d'Italie qu'après. Ainsi, dans la campagne de 1856, étant attaché au cabinet de l'Empereur, il renseignait Sa Majesté sur le pays et ses hommes politiques, avec une connaissance du terrain et une précision de détails qui étonnèrent bien des fois Napoléon III et le mirent en garde contre des gens qui n'auraient pas manqué de surprendre sa confiance.

Lors de l'annexion de Nice et de la Savoie, le comte Rapetti, adjoint à M. Pietri pour organiser les nouvelles provinces, apporta dans sa tâche une patience, une souplesse d'esprit, une finesse et le charme d'une bienveillance naturelle qui lui conquirent toutes les sympathies et contribuèrent puissamment au succès.

Il fut nommé officier de la Légion d'honneur à la suite de sa mission; mais cette distinction n'était qu'une juste récompense d'une vie de travail et de dévouement. Aussi l'Empereur voulut-il élever Rapetti aux fonctions de conseiller d'État : le décret était à la signature de Sa Majesté, quand 1870 survint.

Pendant les mois terribles de la fin de 1870 et du commencement de 1871, temps de luttes, de misère et d'angoisses, — alors que les armées de Chanzy, de Faidherbe et de Bourbaki brûlaient leurs dernières cartouches, — que les infortunés retenus en captivité subissaient l'affreux supplice de compter les tressaillements de la France agonisante sans pouvoir voler à sa défense, — que Paris donnait au monde le spectacle inattendu, — plus encore à la gloire des femmes que de ses défenseurs, — d'une résistance faite de courage et d'abnégation, Rapetti, enfermé dans Paris, servait son pays, partageant son temps entre son service de garde national et la direction des ambulances établies dans l'hôtel Chimay et l'hôtel Georges Bibesco.

Toujours est-il que le résultat des luttes et des privations nombreuses supportées par Rapetti fut l'ébranlement de sa santé. Gravement atteint en 1872 d'une maladie qui paraissait devoir l'emporter, il eut le bonheur de guérir. Mais en 1883 il eut une rechute, suivie d'un regain de santé qui, malheureusement, fut de courte durée. Vers la fin de 1884, il s'affaiblit; — surmené de travail, harcelé par bien des gens pour lesquels il s'employait sans aucun profit personnel, Rapetti fut frappé, à la fin de juillet 1885, d'une attaque de paralysie, début de la courte maladie qui l'emporta. Transporté à l'hospice de Saint-Jean de Dieu le 15 juillet, il expirait le **28** du même mois.

Le comte Rapetti avait toujours été très-religieux; — pendant son séjour chez les Frères hospitaliers de la rue Oudinot, il les édifia par sa piété et sa résignation. Au surplus, cette résignation avait toujours été sa grande force, et cela est si vrai, que lorsqu'on lui demandait s'il n'avait pas beaucoup souffert de l'injustice du sort à son égard, il répondait : « Certainement j'en ai souffert, et peut-être aurais-je maudit ma mauvaise fortune, si au fond de ma souffrance je n'avais pas trouvé un fruit bien amer, mais d'un inestimable prix, mille fois plus précieux que la gloire ambitionnée, c'est la force d'accepter sans murmures les insondables décrets de Dieu. »

Les jeunes, les débutants trouvaient toujours auprès de lui un accueil plein de bienveillance, des encouragements et des conseils précieux. Parmi les expressions de reconnaissance venues jusqu'à nous, nous ne pouvons résister au désir de reproduire le passage suivant d'une lettre émue, que nous adresse un jeune auteur, dont la place est déjà marquée dans le monde littéraire : M. Olivier des Armoises.

« .   .   .   .

.   .   .   .   .   .C'est grâce aux conseils du comte Rapetti que j'ai eu le courage d'aborder la carrière littéraire, et c'est également grâce à son concours que mes premières œuvres ont été trouvées dignes de la publication, et que j'ai pu les faire agréer, presque sans difficulté..... Le comte Rapetti a prélevé sur les multiples occupations de sa vie bouleversée (ainsi qu'il disait lui-même) le temps de relire et de corriger tout ce qui sortait de ma jeune plume inexpérimentée. Il a consacré à mes premiers travaux les derniers rayons de sa merveilleuse intelligence. Je possède, tant dans une correspondance assidue de plusieurs années que dans les critiques et les observations qu'il m'a laissées sur mes écrits, des conseils pour toute ma vie d'écrivain... »

Outre les ouvrages déjà cités, Rapetti a pris une part active à la rédaction de divers recueils, tels que :

L'Encyclopédie nouvelle (1836);

Le *Journal général des tribunaux* (1837);

L'Encyclopédie du droit (1839).

En 1839, il était chargé par le gouvernement de publier un manuscrit du treizième siècle : le *Livre de justice et de plet*, défense énergique des institutions religieuses enseignantes.

A quelque temps de là il faisait paraître une série d'articles sur l'antisémitisme en France.

En 1854, — à partir du 10 janvier, — il a inséré

dans le journal *le Moniteur universel* un ouvrage historique digne d'attention : *les Frères du Temple. Épisode de l'histoire du quatorzième siècle.*

Ce sombre et mystérieux drame devait tenter l'esprit résolu de Rapetti, et il a entrepris, dans cette étude, de nous révéler les causes qui poussèrent Philippe IV à poursuivre avec un acharnement et une cruauté inouïs la ruine d'une institution dont la majeure partie des membres appartenaient aux grandes familles de la noblesse de France. Avec une logique implacable, il nous démontre comment l'incessant besoin d'argent qui fut la plaie de son règne, la jalousie contre la puissance d'un Ordre qui était assez fort pour le protéger, lui, le roi de France, et enfin la raison politique qui devait faire interdire à la royauté absolue l'organisation de tout corps militaire dont elle ne disposait pas d'une façon complète, furent les motifs qui déterminèrent Philippe IV à la ruine des Templiers.

Rien de plus émouvant à lire que ces terribles scènes d'arrestations arbitraires, de tortures, de spoliations au milieu desquelles la délation odieuse est sollicitée, imposée, récompensée. Rien de plus curieux à suivre que cette trame ourdie avec une adresse sans pareille, cette soi-disant prudence du Roi qui, « pour ne pouvoir être repris, veut avoir l'assentiment et le jugement des hommes de toutes les conditions de son royaume ». Vainement Jacques de Molai, grand maître de l'Ordre, Gui, maître de Normandie, ont obtenu la vie du tribunal qui vient de les juger ; Philippe IV les fait saisir dans leurs prisons, conduire à la nuit tombante dans la petite île de la Seine sise entre le jardin du palais de la Cité et l'église des Grands-Augustins, où il les fait brûler ensemble. « Ils souffrirent la mort avec tant de constance, qu'ils laissèrent dans l'admiration et la stupeur tous les témoins de leur supplice. » Il est regrettable que Rapetti n'ait jamais songé à faire paraître en volume ces intéressants articles du *Moniteur universel*. Nous espérons bien qu'un jour cette omission sera réparée, son intérêt historique le commande.

On doit également à Rapetti une réfutation des Mémoires du maréchal Marmont. Lorsque parurent les Mémoires du maréchal Marmont, duc de Raguse, l'opinion publique fut vivement impressionnée. On sait que le 5 août 1814, apprenant à Fontainebleau la défection du 6ᵉ corps à Essonne, l'Empereur s'était écrié en parlant de Marmont : « L'ingrat ! il sera plus malheureux que moi. » Une grave accusation pesait donc sur le maréchal, et ses Mémoires devaient naturellement essayer de le laver de la trahison qu'on lui reprochait.

« Chargé de rendre compte de l'ouvrage du maréchal Marmont, dit Rapetti, dès la première page du premier volume, je ne saurais rendre autrement mon impression qu'en disant que je me suis tout à coup senti en présence de l'ennemi. »

Rapetti se chargea de faire la démonstration d'un

des côtés les plus graves de la vie politique et militaire du maréchal Marmont. Et, à cette occasion, il citait ces deux vers :

> Il n'est point de serpent, ni de monstre odieux,
> Qui, par l'art imité, ne puisse plaire aux yeux.'

Son livre, qui a paru en 1851, est intitulé : *la Défection de Marmont en 1814.*

Dans un style sobre, il rétablit les faits défigurés pour le besoin d'une cause spéciale, les caractérise et les démontre, non pas avec des assertions, mais à l'aide d'authentiques documents.

« J'étais désormais, dit-il, libre d'infliger à Marmont le châtiment qui lui est dû, et j'en profitai pour le juger à mon aise dans la mesure d'une exacte justice. »

De toutes les erreurs et les fautes du passé, Rapetti passe facilement à l'oubli : mais un seul jour il fut donné à Marmont d'exercer son initiative sur les événements, ce fut à Essonne, en 1814. Il n'en profite que pour livrer à l'ennemi le 6ᵉ corps, dont le commandement lui était confié, et qui était l'avant-garde de l'armée française. Les preuves rassemblées par Rapetti sont foudroyantes. Elles sont pour l'histoire de cette époque de 1815 une rectification et un complément nécessaires ; elles justifient la prédiction de l'Empereur : « *L'ingrat! il sera plus malheureux que moi.* »

Aucun historien n'a apporté dans la mission qu'il se donnait un examen aussi consciencieux des événe-

ments, des faits et des personnes. C'est en les passant
au crible des documents authentiques, en les soumet-
tant à l'analyse la plus impartiale, qu'il établissait son
opinion et la formulait avec indépendance, loyauté et,
surtout, sans idée préconçue. Profondément érudit,
doué d'une mémoire excellente, son jugement était
d'autant plus net qu'il combinait plus facilement tout
l'ensemble de la période se rapportant au fait qu'il
avait à apprécier. A cette netteté d'appréciations il
joignait une qualité merveilleuse pour un écrivain :
la concision. Le style est clair comme sa pensée et
dépourvu de toute phraséologie inutile. Des faits, des
actes, des documents, voilà le procédé appliqué par
Rapetti dans ses ouvrages et notamment dans celui-ci,
dont l'importance historique est de premier ordre.

Dans le tome XXXVII de la *Nouvelle Biographie*
de F. Didot, l'article NAPOLÉON est de Rapetti. En
290 pages, il a su embrasser dans une relation rapide
tous les événements de cette mémorable épopée de
l'histoire de France, la faisant précéder de documents concernant la famille, la naissance, l'éducation, la première jeunesse de Bonaparte, et la condui-
sant jusqu'au jour où, le 24 août 1855, Victoria, reine
de la Grande-Bretagne, vint prier sous le dôme des
Invalides, au tombeau de Napoléon, « pour le pardon
et la paix des nations ».

Cet article contient en outre : une notice bibliogra-
phique des œuvres de Napoléon Ier; ses dictées à
Sainte-Hélène, avec indication des chapitres de l'ou-

vrage intitulé : *Mémoires pour servir à l'histoire de France sous le règne de Napoléon, écrits à Sainte-Hélène par les généraux qui ont partagé sa captivité,* 2ᵉ édition, disposée dans un nouvel ordre et augmentée de chapitres inédits; une notice sur les divers recueils des œuvres de Napoléon; une notice sur les œuvres apocryphes; une notice des ouvrages divers sur Napoléon; les histoires générales, particulières, les mémoires, les pamphlets, les théories politiques; enfin, des notices sur Joséphine, Marie-Louise et Napoléon II.

Malgré ses dimensions restreintes, cet article restera comme l'un des plus précieux documents à consulter. L'impartialité des appréciations y est constante, et l'anecdote y tient sa place. C'est ainsi qu'il nous fait connaître les notes données au jeune élève de l'École de Brienne par le chevalier de Kéralio, inspecteur général des études militaires : « *M. de Bonaparte* (Napoléon), *né le* 15 *août* 1769. *Taille de quatre pieds dix pouces dix lignes. De bonne constitution. Excellente santé. Caractère soumis. Il fait sa quatrième. Honnête et reconnaissant. Sa conduite est très-régulière. Il s'est toujours distingué par son application aux mathématiques. Il sait passablement l'histoire et la géographie. Il est faible dans les exercices d'agrément. Ce sera un excellent marin. Mérite de passer à l'École de Paris.*

Le 19 brumaire, Bonaparte se rendant aux Anciens traversa la galerie de Mars; il y rencontra Augereau, qui allait et venait dans l'attente de l'événement, mécontent et curieux : « *Te voilà dans de beaux draps!*

dit Augereau. — *Bah!* répondit Bonaparte, *c'était bien pis à Arcole!* »

. A propos du sacre, nous lisons : « Cet événement, le plus inattendu de l'histoire moderne, eut lieu le 2 décembre 1804. Le sacre, rétablissement du droit divin dans la souveraineté, fut une innovation plus radicale et plus profonde que ne l'avait été le Concordat. Il y eut des étonnements immenses, plus d'un secret mécontentement, mais en somme une générale soumission. La masse du peuple sembla presque heureuse d'abdiquer entre les mains d'un nouvel élu du Seigneur, qui était le sien aussi, cette souveraineté nominale dont on l'avait flattée jusque-là. Au reste, il ne paraît pas que Napoléon, en courbant devant le sacre de sa dynastie ses contemporains, sectateurs du droit exclusif de la raison humaine, ait dépassé la mesure de ce qu'il pouvait attendre de leur servilité. A quelque temps de là il fut proposé au Tribunat de consacrer à la garde de l'épée que Napoléon portait à Austerlitz un temple et un chapitre de hauts dignitaires ecclésiastiques. Napoléon ne voulut pas de cette idolâtrie. »

Plus loin, donnant son appréciation sur l'ensemble du gouvernement impérial : « Le temps a fait défaut au législateur de la Révolution, le temps et peut-être aussi un autre procédé de gouvernement : car il n'est pas hors de propos de placer ici, à la fin de ces considérations sur l'organisation intérieure de la France, une observation générale : c'est que Napoléon, si grand dans sa conception idéale, où il ne séparait pas l'une de l'autre l'autorité et la liberté, ne semblait avoir dans la pratique que les emportements d'une volonté absolue et sans frein. C'était lui pourtant qui avait trouvé cette parole sublime : *Plus on est grand, moins on doit avoir de volonté; on dépend des événements et des circonstances ; moi, je me déclare le plus esclave des hommes; mon maître n'a pas d'entrailles, et ce maître, c'est la nature des choses.* Mais Napoléon, dans ses conflits avec les faits, oubliait cette loi de la puissance humaine et se laissait aller contre *son maître* à des impatiences terribles. Comme il se méfiait, avec trop de raison, de l'intelligence de ses contemporains, il n'eut pas de coopérateurs, il n'eut même que des agents proprement dits, il fit de l'obéissance et de l'exécution une sorte de mécanisme que son activité universelle savait seule tenir en mouvement. »

Initié mieux que tout autre à la vie de Napoléon Ier, dans l'intimité de laquelle il s'était trouvé admis pendant tant d'années, Rapetti songea à faire paraître un travail dont il avait réuni les principaux éléments, et dont le but était de mettre en lumière le génie du Premier Consul dans les discussions du Conseil d'État.

En 1883, sollicité par ses amis d'entreprendre cette tâche, il s'y était enfin décidé; — mais la mort est venue trop tôt, qui ne l'a pas permis. Rapetti emporte dans la tombe la conception d'un ouvrage que seul il pouvait faire, et qui n'eût pas été la moins importante de ses productions.

· Mieux servi par la fortune et les hommes, le comte Rapetti de Trastour aurait certainement vu s'ouvrir devant lui les portes du palais Mazarin.

DISCOURS

PRONONCÉ PAR LE PRINCE GEORGES BIBESCO

SUR LA TOMBE DU COMTE RAPETTI

LE 1er AOUT 1885, AU CIMETIÈRE DU MONT-PARNASSE.

MESSIEURS,

Le devoir que je remplis au bord de cette tombe est des plus douloureux : l'hommage que je viens rendre aux qualités de cœur et d'esprit, au caractère élevé, à l'érudition inépuisable de l'ami qui se nommait le comte Rapetti de Trastour, vous dit assez qu'un grand vide s'est fait dans nos rangs.

En effet, le comte Rapetti n'est plus; la mort l'a arraché à notre affection et à notre bien légitime admiration, à nous qui connaissions toutes les facettes de cette haute et brillante intelligence.

Combien d'entre nous ce conteur charmant et plein de verve n'a-t-il pas tenus, pendant des heures entières, sous le charme de sa parole! Avec lui jamais de déceptions : on pouvait, à toute heure, ouvrir ce livre vivant à la page qu'on désirait consulter, avec le sentiment de sécurité absolue d'y trouver le renseignement cherché. Il vous faisait vivre dans l'intimité d'un Auguste, d'un Louis XIV ou d'un Napoléon Ier, d'un Grégoire VII ou d'un Pie IX, — il vous initiait à la politique des temps anciens, — se plaisant, par d'ingénieux rapprochements, à la faire revivre dans la politique de nos jours; — il parlait des Pandectes, du droit coutumier, du Code civil ou du droit canon avec la même facilité, la même érudition, la même profondeur de vues que s'il eût vécu à chacune de ces époques.

C'est que le comte Rapetti n'avait rien de superficiel; la nature, en le traitant en enfant gâté, lui avait donné non-seulement cette puissante organisation intellectuelle qui faisait de lui un homme supérieur, mais elle s'était plu à développer encore en lui le goût de l'explorateur, l'amour en quelque sorte des fouilles dans le travail.

Le comte Rapetti est né en 1812, à Bergame, pendant la retraite de Moscou, dans le dépôt d'un régiment français; son père, professeur distingué à l'Université de Turin, servait à ce moment la France; et sa mère est précisément cette personne, si connue en Italie, qui, bien qu'aucune nouvelle du désastre de Russie ne fût encore parvenue, eut cette terrible vision de la grande armée vaincue par le climat, avant d'être écrasée par le canon, et de Napoléon revenant seul à travers les neiges avec ses maréchaux.

Toujours est-il que les circonstances dans lesquelles était né le jeune Rapetti décidèrent ses parents à le vouer à la France et à l'y envoyer dès l'âge de dix ans. Comme les événements survenus en Italie avaient ruiné la famille Rapetti, l'enfant fut confié à son par-

rain, le comte de Trastour, allié à la maison des Gri-
maldi. Celui-ci, bien que peu fortuné, accueillit son
filleul, subvint aux frais de son éducation jusqu'à son
doctorat en droit, puis l'adopta. Voilà comment notre
ami se nomma Rapetti de Trastour.

C'est alors que commencent, pour le jeune docteur,
les incertitudes de sa carrière, et pour me servir d'une
expression qui lui était propre, *de sa vie énigmatique,*
qui n'a jamais atteint le développement auquel l'homme
pouvait prétendre. La cause? il l'a signalée lui-même
plus d'une fois : *c'était son manque de fortune.* Sollicité
par deux vocations d'inégale énergie, l'une inter-
mittente le portant vers l'enseignement, l'autre constante, de chaque moment, le portant vers la politique
active, Rapetti chercha à satisfaire ses deux vocations
en demandant à l'enseignement des moyens d'existence en même temps que la notoriété et les relations
nécessaires pour aborder plus tard la carrière de la
politique.

C'est ainsi qu'il fut amené à fortifier ses études pendant plusieurs années, jusqu'au jour où il fut appelé
à la suppléance d'une chaire essentiellement politique,
celle des *législations comparées,* dans le premier éta-
blissement d'instruction publique, le Collége de France.
Rapetti n'avait pas encore trente ans; c'était un début
plein d'éclat.

Pendant une période de huit années, de 1840 à
1848, Rapetti fit au Collége de France un cours plein
d'aperçus nouveaux, dont il ne nous est malheureuse-

ment rien resté. Je dis malheureusement, car, si ses leçons avaient été imprimées, on posséderait aujourd'hui une œuvre de philosophie du droit des plus intéressantes, en raison même des données qui lui étaient fournies par les enseignements de l'Église et par l'expérience acquise au cours de ses études sur les différentes civilisations.

Il est consolant de remarquer que cette expérience, loin de désenchanter le savant sur les hommes et les choses, avait, au contraire, su disposer son cœur à l'indulgence, ce fruit plein de douceur de la véritable sagesse. Le comte Rapetti aimait le bien, il aimait surtout à le faire, y employant souvent les faibles ressources de son labeur.

Mais ce qui rehaussait le prix de ces bonnes actions, c'était sa simplicité à les accomplir. Le comte s'en cachait, comme s'il eût eu peur de les voir — en s'ébruitant — perdre leur parfum de piété.

Qu'on n'aille pas croire qu'il se cachât toujours quand il faisait le bien. Loin de là : cet homme doux, réservé, conciliant, devenait redoutable par son audace et sa ténacité, quand il descendait dans l'arène pour la défense d'une belle idée ou d'une grande cause.

Cependant, de ce travailleur infatigable qui, en 1848, fut nommé maître des conférences à l'École d'administration — école supprimée depuis ; — qui a écrit tant d'articles littéraires et politiques de premier ordre ; auquel fut confiée la correction du *Recueil des adhésions* de 1852-1853; qui fut envoyé en mission en Savoie et à Nice, il nous reste, par bonheur, quelques œuvres : sa thèse, très-remarquée, *sur la condition des étrangers en France, la Défection de Marmont en 1814, Quelques Mots sur les origines des Bonaparte,* une série d'articles sur l'*Antisémitisme en France,* et enfin le *classement des correspondances de Napoléon Ier,* véritable monument littéraire.

Le comte Rapetti a consacré dix-sept ans de travail à ce monument, dont il a été, comme secrétaire de la commission — présidée par S. A. I. le prince Napoléon, — l'ouvrier le plus actif, sinon le plus important. C'est à la suite de cette publication qu'il a été fait officier de la Légion d'honneur.

En 1870, il allait être nommé conseiller d'État, — son nom figurait au décret soumis à la signature de l'Empereur, — quand la tourmente étrangère s'abattit sur la France.

Voilà, Messieurs, le savant que les lettres et les sciences perdent, dans la plénitude de ses facultés intellectuelles et morales, l'homme de bien, l'ami que la terre va nous prendre pour toujours.

Noble par sa naissance, le comte Rapetti de Trastour l'était plus encore par ses vertus. Fervent soldat des idées et des causes qu'il embrassait avec une rare vaillance, parce qu'il les tenait pour justes, il est mort fidèle à ses convictions, à ses affections, à son Dieu.

Que ce Dieu vous garde auprès de lui, mon vieil et cher ami! — Tel est le vœu formé par ceux qui viennent ici vous rendre les derniers devoirs, par tous ceux qui vous ont apprécié et aimé, — par celui surtout auquel incombe en ce moment la douloureuse mission d'interpréter tous ces sentiments, et à qui vous avez témoigné une fidélité de cœur et un dévouement dignes de ses regrets éternels, de ceux de sa femme et de leurs enfants.

Tant que la grande faucheuse ne tranche que les épis mûrs, l'homme n'a pas le droit de se révolter — je le sais; — mais le chagrin est le même quand on voit disparaître ce qu'on ne peut pas remplacer.

PARIS. — TYPOGRAPHIE E. PLON, NOURRIT ET Cie, RUE GARANCIÈRE, 8.